VASO FRÁGIL EN MANOS DEL ALFARERO

Mujeres Restauradas en el Taller de Dios

Yalitza Salas

FDC Producciones

CONTENIDO

DEDICATORIA

Primeramente, a mi amado y Poderoso DIOS, por ser mi fuente de inspiración.

A mi Esposo e hijas, quienes han estado a mi lado todo el tiempo como apoyo y fuerza motivadora

A mis padres y hermanos, por su valioso apoyo con el ministerio que Dios me ha entregado.

AGRADECIMIENTO

Ante todo, a CRISTO, mi Salvador, Sanador y Señor.

A mi Equipo Ministerial del Ministerio Forjadoras de Cambios, mujeres líderes y Pastoras, que han caminado conmigo y quienes han creído que Dios les llamó para consolidar a la mujer cristiana. A todas, gracias.

A mi esposo, por su apoyo incondicional.

A cada uno de los ministerios internacionales, por ayudar a extender el Ministerio FORJADORAS DE CAMBIOS a esas naciones

A todos los seguidores de nuestro ministerio, que el Señor les bendiga y su unción repose sobre sus vidas cada día.

PRÓLOGO

Escribir, es una destreza. Escribir bien, es un don. Pero, escribir bien, a mujeres, es un gran desafío. Este libro ha sido realizado con aptitud y destreza, para convertirlo en un don del cielo, a fin de traer el mayor desafío de cambios a la mujer de este tiempo.

Cuando Yalitza comenzó con la idea de escribir este material, supe enseguida que algo de Dios se había plasmado en ella. No sólo al ver su actitud de perseverancia, sino el amor, la pasión, y, sobre todo, la convicción con que lo hizo.

Con propiedad, puedo asegurar que ella, además de autora, es la primera destinataria de esta obra, es la primera que ha creído en sus propias palabras, es la primera convencida y la primera que ha sido transformada por este libro. Estas líneas, más que escritos, son vivencias, porque al tener el gran privilegio de estar casado con esta maravillosa mujer de fe, puedo dar fe y garantía con mi propia vida como testigo, de que Yalitza es el producto de una poderosa transformación de Dios.

Por esa razón, no me cabe la menor duda de que Vaso Frágil en Manos del Alfarero, es un libro capaz de generar resultados en sus lectores, y digo lectores, porque tal y como lo acoté en el prólogo de la primera edición: Este no es un libro exclusivo para mujeres. A los hombres que lo leamos, nos ayudará a conocer y comprender aún más a estas magníficas personas que nos han sido dadas como ayudas idóneas para nuestras vidas y ministerios.

Ahora, tras el éxito del primer lanzamiento de esta obra, la autora ha decidido publicar una nueva impresión con algunas mejoras sustanciales. ¿Por qué una segunda edición, corregida y aumentada de este libro? Porque así como cambian los tiempos, también las necesidades de las personas. Hoy tenemos un público más exigente, con mayor hambre de respuestas de Dios, y con mayores expectativas de recibir los mejores nutrientes espirituales a través de los ministerios.

En esta segunda edición, se amplió el contenido de cada capítulo, se agregaron más citas bíblicas de respaldo y se añadieron comentarios y ejemplos más prácticos para facilitar la comprensión del mensaje. Asimismo, se aplicaron correcciones de estilo, sobre todo, se pensó en la necesidad de dignificar a nuestras lectoras al cambiar el uso de la desinencia en segunda persona, por la de tercera persona. Creo que esta decisión no sólo le añadió belleza al texto, sino que además, imprimió un profundo carácter de respeto a las damas a quienes va dirigido este libro.

Finalmente, se revisó cuidadosamente el enfoque teológico empleado en este material, en virtud de que no se trataba de un librejo positivista de autoayuda, sino de un tratado inspirador, provisto para trazar directrices en la vida mujer, sobre la base de los principios contenidos en la Palabra de Dios, como única fuente de fe, conducta y fundamento espiritual de la vida cristiana.

Mario Luis Suárez
Apóstol CVV Ministerio Internacional
Escritor - Editor

INTRODUCCIÓN

Actualmente, debido a los múltiples conflictos que enfrentan a diario, un gran número de mujeres se sienten profundamente heridas en su interior, golpeadas en su espíritu. En su mayoría, y sin darse cuenta de esa realidad, muchas de ellas han sido traumadas a tal punto, que viven con gran amargura a causa de los dolores ocasionados por sus problemas en el pasado, condición esta que no les permite desarrollar una vida exitosa y llena de felicidad.

Pero también es cierto —y en numerosas oportunidades me he gozado al evidenciarlo— que cuando esas mujeres se sumergen en el dulce y glorioso mover del Espíritu Santo, son ministradas en su interior, reciben una profunda sanidad en su interior y son empoderadas con una fortaleza espiritual que no sólo las levanta de su estado de desesperación, sino que las impulsa hacia nuevas dimensiones de bendición en sus vidas.

La razón por la cual he decidido escribir este libro es con el fin de aportar una ayuda espiritual a todas las mujeres que se encuentran heridas en su corazón, basándome en las experiencias que he adquirido a través de las consejerías que a diario debo impartir. También, analizaré algunos factores que por lo general influyen negativamente en la vida espiritual de la mujer, pero lo más importante, enseñaré algunos principios claves a la luz de la palabra de Dios que suministrarán respuestas divinas a sus necesidades, los cuales, estoy segura, proveerán una salida al problema.

Para el Señor no existe la palabra imposible, de hecho, él es "El Dios de lo Imposible" y si hoy usted cree firmemente que él puede traer un cambio a su vida, entonces permita que como a vaso frágil, el Divino Alfarero, comience a perfeccionar su vida con su amor y bondad, y aunque pueda causar algún dolor o quizás lágrimas en su rostro, usted sea restaurada para ocupar definitivamente el lugar de honra que Él le ha asignado en el plan eterno que ha trazado.

CAPÍTULO 1

Génesis 2:22 Y de la costilla que Jehová Dios tomó del hombre, hizo una mujer, y la trajo al hombre.

LA POSICIÓN DE LA MUJER

¿Estrado Bajo Los Pies o Corona Sobre La Cabeza?

Es importante reconocer que la mujer desde el inicio de los tiempos, ha tenido una posición única en la sociedad. Si estudiamos un poco el contexto de su aparición en el escenario del génesis, podemos notar que aunque ya Dios había creado los mares y la tierra (*Génesis 1:10 Y llamó Dios a lo seco Tierra, y a la reunión de las aguas llamó Mares. Y vio Dios que era bueno)*, los animales, (Génesis 1:25 *E hizo Dios animales de la tierra según su género, y ganado según su género, y todo animal que se arrastra sobre la tierra según su especie. Y vio Dios que era bueno.*); y aun al hombre, (Génesis 1:27 *Y creó Dios al hombre a su imagen, a imagen de Dios lo creó; varón y hembra los creó*); sin embargo, no descansó sin antes darse cuenta de que faltaba el elemento más importante para cerrar con broche de oro su gran obra creativa: ¡LA MUJER!

Así, Dios hizo caer a Adán en sueño profundo y mientras dormía, tomó una de sus costillas y le aplicó una gran cirugía, cerró la carne en su lugar, y sin bisturí alguno, sin puntada, sólo con su mano poderosa realizó el gran milagro: La creación de la mujer. ¡Qué grande maravilla! ¡Gloria a Dios! Fue a partir de ese momento, cuando el Señor dio una nueva orden a esos dos seres creados por sus manos:

Génesis 1:28 Y los bendijo Dios, y les dijo: Fructificad y multiplicaos; llenad la tierra, y sojuzgadla, y señoread en los peces del mar, en las aves de los cielos, y en todas las bestias que se mueven sobre la tierra.)

Entonces, amada mujer, ¿Qué podemos decir de todo esto? Que del mismo modo como Eva fue formada de la costilla de aquel hombre, Adán, lo cual denota una estrecha cercanía a su órgano vital, así también, usted fue diseñada y moldeada de lo más profundo del corazón de Dios. Su vida no obedece a una casualidad ni a una circunstancia, mucho menos a un error; usted es el clímax de la creación, el punto final, el epítome de la obra de Dios. Usted fue diseñada en la mente amorosa del creador, no fue relegada al margen, sino seleccionada como el punto de perfección de la obra creada por Dios. Sin la mujer, algo faltaba para la culminación de la obra divina, por ello, usted resulta un factor imprescindible para llevar a cabo el propósito de Dios en esta tierra.

Podríamos decir sin duda alguna, que la mujer no fue concebida aparte del hombre como un apéndice de la creación. Más bien, fue creada con y en el hombre, y extraída de él. No fue el hombre hecho por un lado y la mujer por otro, sino que ambos seres vinieron amalgamados de origen en una sola sustancia, y luego Dios manifestó a cada uno como complemento el uno del otro, para establecer el Reino de Dios en la tierra.

Notemos lo que dice en Génesis 5:1-2 *"Éste es el libro de las generaciones de Adán. El día en que creó Dios al hombre, a semejanza de Dios lo hizo. 2 Varón y hembra los creó; y los bendijo, y llamó el nombre de ellos Adán, el día en que fueron creados".*

Resulta importante comprender que Adán no era un nombre propio sino una funcionalidad, un rol. Dios no lo llamó a él Adán y a ella Eva.

Dios a ambos los llamó Adán. Dios creó a Adán versión hombre y a Adán versión mujer, porque la intención de Dios era utilizar a ambos en un mismo propósito. De hecho, fue el hombre quien luego de haber desobedecido y cedido al pecado, comenzó a llamar "Eva" a la mujer, pero Dios nunca la llamó así.

La mujer fue un proyecto divino para solucionar una necesidad en el plan de Dios, la mujer fue designada para hacer cosas que ningún otro ser creado jamás podría hacer. Dios necesita de usted, mujer, para cumplir su deseo en este tiempo, para manifestar su reino sobre esta tierra, para que se fructifique y haga producir vida a su alrededor.

Si acaso hoy está unida en matrimonio, entonces, junto a su marido podrá hacer que todas las cosas funcionen cabalmente; si bien, él es su autoridad, su cabeza como lo dice la Escritura (Efesios 5:23 *porque el marido es cabeza de la mujer*), nunca debe olvidar que usted es también la corona regia que ha sido puesta sobre esa cabeza, la cual, además de conferirle el prestigio y de lucirle perfectamente bien, es la señal de su autoridad. (Proverbios 12:4 *La mujer virtuosa es corona de su marido*).

Esto debe cambiarnos todo el panorama. No se trata de una posición feminista, sino de ubicarnos en el plano de la realidad que Dios nos ha designado. No somos el estrado bajo los pies, sino la corona sobre la cabeza. Dios no hizo a la mujer para ser gobernada por el hombre, sino para que al lado del hombre, ambos gobernaran sobre la tierra. Tampoco se pretende usurpar o desconocer el rol del hombre, sino de darle su verdadero sentido.

Usted es el obsequio de Dios para él, así que ES TIEMPO DE REINAR. Levántese y prepárese para hacer cambiar todo a su alrededor.

NO SOMOS LO QUE HACEMOS

Pero Podemos Hacer Según Lo Que Somos

En los tiempos bíblicos la actividad de la mujer estaba enmarcada principalmente en el entorno de la vida doméstica, y limitada a las labores más rudimentarias, como quizás tejer, hilar o hacer vestidos para proveer un aporte al hogar. Ellas, al igual que hoy, tenían una función en la familia y un rol en la sociedad, pero sus labores eran restringidas, en correspondencia con la cultura y con el tiempo que vivían, subestimando de este modo sus potencialidades y creatividad. Sin embargo, en la actualidad tales actividades y funciones, han cambiado, en virtud de que también han cambiado la cultura y los tiempos.

Entendemos que estas dinámicas sociales no necesariamente se deban traducir como designios divinos, dicho de otro modo, no porque haya habido ciertos cambios en la sociedad, éstos fueron provocados desde la voluntad de Dios. No obstante, Dios aprovecha todas las cosas, incluso la historia, para el beneficio de su propósito eterno, y en nuestro caso, todos los movimientos suscitados en el mundo inherentes a nuestro género y a su condición, buenos o no, han evidenciado una decidida renuencia en la mujer por permanecer relegada o marginada.

Hoy en día, desde la perspectiva bíblica, el rol de la mujer no ha cambiado en su naturaleza aunque sí lo ha hecho en su forma. Dios no piensa ahora acerca de la mujer, de modo diferente que como fue al principio. Dios siempre ha sido, es y será el mismo, en él no hay mudanza ni sombra de variación. Por lo tanto, el rol de la mujer cristiana no es distinto, sino que en este tiempo de restitución de todas las cosas, se nos ha revelado nuestra verdadera posición y destino en el plan eterno de Dios, que su designio jamás fue el de habernos creado para marginarnos o relegarnos a un plano inferior de la creación, sino el de manifestar a través de nosotras, las virtudes de aquel que nos llamó por su gloria y excelencia.

No somos lo que hacemos, pero sí podemos hacer según lo que somos. Hemos sido creadas para vencer, para que Dios manifieste su gloria a través de nuestras vidas. Somos llamadas a ser bendición en la tierra. Cuando observo a tantas damas que han quedado solas, bien sea a causa de haberse divorciado, o tras haber sido abandonadas por sus maridos, y a aquellas que por múltiples razones han tenido que salir a buscar otras alternativas de empleo, resignándose a vivir según las circunstancias se lo imponen, surge en mí la imperante necesidad de expresarles que como creación de Dios tienen todo el poder y autoridad para vencer y derrotar cualquier vicisitud.

La tendencia del pensamiento natural, es hacerle creer a la mujer que adversidad es sinónimo de grandes fracasos, amarguras y tristezas, y que es difícil sobrellevar tal situación, pero he visto mujeres muy valientes, que pese a las circunstancias no se han quedado mirando el problema, sino que han decidido trascender mediante la fe en el Señor Jesucristo y en su Palabra, y hoy algunas, aún han llegado a ocupar posiciones importantes de alta gerencia, cargos ejecutivos y hasta políticos, pero lo más importante: Son mujeres que se dejaron transformar por el Espíritu Santo, y ahora ministran la palabra de Dios con gran unción y poder.

Entonces, ¿Qué espera, mujer?, no puede dejar que las tempestades hagan naufragar la barca que lleva sus sueños y esperanzas. Al contrario, cuando las aguas quieran entrar en ella, busque a aquel que caminó sobre las aguas y no permitió que la embarcación, ni sus tripulantes fuesen arrastrados por las fuertes olas del mar. (Mt 14:24-27). Mujer, es tiempo de caminar sobre las tempestuosas aguas de los problemas y circunstancias, y calmar los fuertes vientos. Tenga ánimo, no tema, usted puede hacer todo lo que Dios dice que usted es.

CAPÍTULO 2

1 Pedro 3:7 Vosotros, maridos, igualmente, vivid con ellas sabiamente, dando honor a la mujer como a vaso más frágil, y como a coherederas de la gracia de la vida.

VASO FRÁGIL

Sinónimo De Valoración Y No De Debilidad

Me llama profundamente la atención que el versículo dice *"dando honor a la mujer como a vaso más frágil"* Al analizar en detalle estas palabras, es notorio que el apóstol Pablo dirige dicha acotación a los esposos, pues el texto comienza diciendo *"vosotros, maridos, igualmente, vivid con ellas"*, sin embargo, no sólo es un consejo para el esposo en cuanto al buen trato que de él debe recibir su esposa. Creo, más bien, que éste es un consejo para usted misma, es una clara insinuación del Señor, acerca de la autovaloración que usted debe asumir, de modo que en su entorno familiar, social o laboral, usted pueda ocupar el lugar de honor que se merece.

En el lenguaje bíblico, la expresión "Mujer" es la traducción de la palabra griega *"guné"*, la cual a su vez proviene de la raíz *"ginomai"* que significa *"Venir a existencia. Comenzar a ser. Levantarse. Hacer presencia en la historia"*.

¡Oh maravillas de la gloria de Dios! Esto es asombroso. Sólo en el simple hecho de ser mujer, está implícita la condición de la que hemos sido dotadas por la providencia. Si las circunstancias han pretendido anularla como un *"cero a la izquierda"*, ¡le tengo noticias! Dios le ha dado un vuelco a su vida, él torna nuestros ceros hacia la derecha, en donde cada vez le agregan mayor valor a la cifra de nuestra valía.

Ser mujer es venir a existencia. Muchas piensan que no tienen una verdadera vida a causa de sus situaciones, pero realmente, la vida no se trata de cuántas circunstancias debamos sortear, sino de la actitud que mostremos ante ellas. Necesitamos venir a existencia, comenzar a ser lo que verdaderamente somos. Para ello necesitamos levantarnos, esto es, hacer un alto en nuestros ciclos y rutinas. Deténgase y deje de pensar en lo que no puede hacer, enfóquese en lo que Dios dice que usted es y en aquello que puede hacer. Haga presencia en la historia, usted tiene un potencial asombroso reservado para ser manifestado en este tiempo.

De alguna manera, todas las mujeres hacemos presencia en la historia, algunas como parte del montón, del promedio, pero otras, como mujeres excepcionales a quienes la humanidad les debe su agradecimiento. Son aquellas que han decidido trascender desde su pequeñez hacia la magnificación del poder de Dios en ellas.

Vale la pena pensar, ¿Por qué siendo este pasaje tan hermoso y claro en cuanto al significado que tiene la mujer como un vaso delicado, frágil y útil, encontramos hoy a muchos de ellos opacos, sin brillo ni transparencia, agrietados y colocados en un lugar en donde no demuestran el honor que merece? Es que la valoración comienza cuando usted misma decide creer en la estima y valía que Dios le ha dado. Nadie podrá valorarla, si usted misma desconoce el valor que su propia vida tiene.

Cuando la Escritura asegura que somos vasos frágiles, no está desestimando nuestra condición sino revalorizándola. De hecho, como se mencionó antes, Dios dirige estas palabras a los hombres al decirles "*dando honor a la mujer como a vaso más frágil*". Observe lo siguiente: el versículo destaca la frase: "*como a vaso más frágil*". El hombre, como ser humano, es un vaso frágil (1 Pedro 1:24 *Porque: Toda carne es como hierba, Y toda la gloria del hombre como flor de la hierba. La hierba se seca, y la flor se cae*) pero la mujer es un vaso más frágil, no por ser débil o timorata, sino por el inconmensurable valor que Dios le ha conferido, y por el delicado y honroso lugar que ocupa en su propósito eterno.

Muchas mujeres han llegado a pensar y a convencerse de que fragilidad es sinónimo de debilidad, y pierden toda esperanza de retomar sus vidas porque creen que a causa haber cedido ante situaciones, o de haber fracasado en sus aspiraciones, resquebrajaron sus vasijas de derrotas, pero el Señor, es el alfarero que ha estado en la búsqueda de sus vasos rotos para restaurarlos, darles nuevamente su forma y asignarles su verdadero valor. La fragilidad de nuestro vaso es debida a nuestro alto valor y no a las debilidades. ¿Está usted dispuesta a asumirlo? Entonces sigamos adelante.

CAPÍTULO 3

Jeremías 18:6 *¿No podré yo hacer de vosotros como este alfarero, oh casa de Israel? dice Jehová. He aquí que como el barro en la mano del alfarero, así sois vosotros en mi mano, oh casa de Israel.*

LAS GRIETAS DEL VASO FRÁGIL

Más Que Vasos Remendados, Somos Vasos Regenerados

El hombre es un ser tripartito, compuesto por un espíritu, un alma y su cuerpo. Dice la escritura en 1 Tesalonicenses 5:23 *"Y el mismo Dios de paz os santifique por completo; y todo vuestro ser, espíritu, alma y cuerpo, sea guardado irreprensible para la venida de nuestro Señor Jesucristo".*

En este capítulo hablaremos de las grietas que resquebrajan una de esas tres partes del ser humano nombradas anteriormente: El alma. Asimismo, analizaremos cómo la solución no parte del alma sino del Espíritu, para ser manifestada en nuestra vida.

En el alma se alojan las cualidades morales y racionales del individuo, pero también es el asiento de la carnalidad del ser humano. Ella está constituida a su vez por tres componentes importantes: Las emociones, el intelecto y la voluntad. Son éstas las áreas en las que, a causa de los diferentes problemas y circunstancias experimentadas en el pasado, se originan las heridas que trastornan emocionalmente la vida de la mujer. En lo sucesivo, analizaremos algunas de ellas.

Como punto de partida para abordar el tema de las heridas del alma, se hace necesario diferenciar la postura bíblica, en contraste con la visión humanista en lo referente a este tópico. En los últimos años, y con la evolución de la psicología moderna, se han introducido ciertos conceptos humanistas en el modo de pensar de la cristiandad, pero es necesario separar estos criterios, ya que existe un hilo muy delgado entre lo *"almático"* y lo *"espiritual"*, entre lo psicológico y lo teológico, que podría confundir y aún más, desviarnos de la verdadera respuesta a nuestras necesidades.

La psicología puede servir como una herramienta, pero no es la respuesta. La verdadera solución a las necesidades del hombre está en Jesucristo el Hijo de Dios. En mi vida he evidenciado que cada vez que he acudido a la presencia del Señor, he alcanzado las respuestas más maravillosas y oportunas, las cuales me han sacado de la necesidad e impulsado a seguir adelante.

Hay versículos claves en las Escrituras que nos proveen el fundamento correcto para traer las respuestas divinas a nuestras vidas. Éste es uno de ellos:

1 Corintios 15:45-49 Así también está escrito: Fue hecho el primer hombre Adán alma viviente; el postrer Adán, espíritu vivificante. 46 Mas lo espiritual no es primero, sino lo animal; luego lo espiritual. 47 El primer hombre es de la tierra, terrenal; el segundo hombre, que es el Señor, es del cielo. 48 Cual el terrenal, tales también los terrenales; y cual el celestial, tales también los celestiales. 49 Y así como hemos traído la imagen del terrenal, traeremos también la imagen del celestial.

Recuerde que Adán no se refiere al varón, sino al hombre como ser humano sin distingos de género. El hombre fue hecho alma viviente.

Esto significa que en el principio no era un alma viviente, pero a causa del pecado, su naturaleza cambió dentro de él hasta que llegó a convertirse en alma viviente. Dios hizo al hombre a su imagen y semejanza, pero Dios no es alma sino Espíritu, por lo tanto, Dios nunca imprimió en el hombre un alma viviente sino su Espíritu de vida, esto es, vida espiritual.

El pecado logró matar el espíritu y vivificar el alma de Adán. Por eso, cuando vino Cristo, a quien el versículo anterior identifica como "el postrer Adán", no vino como alma viviente, sino como Espíritu vivificante, para que todos los que le recibamos, seamos restaurados en el espíritu y no en el alma.

Mujer, toda la obra del Señor en su vida no apunta a la sanidad de su alma sino a la restauración del Espíritu de vida en usted. Si actuamos según el alma, viviremos en depresión, en dolor y angustia, en un ciclo sin salida, pero si somos vivificadas en el espíritu, traeremos el cielo a nuestras vidas. Por eso el versículo finaliza diciendo que "así como hemos traído la imagen del terrenal, traeremos también la imagen del celestial", porque cuando Cristo se imparte como Espíritu vivificante en nosotras, es adjudicada a nuestras vidas toda la gloria, el poder, la victoria y las más sublimes bendiciones reservadas para nosotras en los cielos.

En este libro, cuando hablo de sanidad interior no hablo de sanidad del alma, sino de vivificación del espíritu. Creo que el alma no debe ser restaurada, la Biblia nos enseña que nuestra vieja manera de pensar no debe ser sanada sino clavada en la cruz. (Gálatas 5:24-25 *Pero los que son de Cristo han crucificado la carne con sus pasiones y deseos. 25 Si vivimos por el Espíritu, andemos también por el Espíritu.*)

Cristo vino para darnos una nueva naturaleza. Eso es una excelente noticia. Usted no es un vaso viejo y roto al que el Señor tomó para hacerle algunos remiendos. Él vino a deshacer lo inútil de nuestra vida pasada y a hacer de nosotras un vaso nuevo, frágil por su delicadeza y valor, un vaso de honra, limpio y valioso. Efesios 4:22-24 *"En cuanto a la pasada manera de vivir, despojaos del viejo hombre, que está viciado conforme a los deseos engañosos, 23 y renovaos en el espíritu de vuestra mente, 24 y vestíos del nuevo hombre, creado según Dios en la justicia y santidad de la verdad."*

El señor no vino a poner remiendos nuevos en nuestros vestidos viejos, vino a darnos una nueva vestidura, como un vestido de bodas hermoso y precioso, dispuesto para el momento más sublime y soñado de nuestras vidas. Usted es un vaso que ha sido regenerado y no remendado, porque un remiendo sólo sirve para ocultar una grieta y disimular el deterioro, pero regenerado significa que sufrió "un nuevo génesis", es decir, que fue hecho de nuevo.

UNA MIRADA AL PASADO

Desechando Lo Que No Puede Ser Cambiado

Es muy probable que usted, como vaso frágil, esté sufriendo algunas grietas surgidas durante su niñez, heridas de las que tal vez ni siquiera esté apercibida de su origen. Durante esa etapa tan frágil y delicada, algunos factores pudieron haber influido dolorosamente en su vida; podemos hablar por ejemplo, del ambiente en el que usted creció, de la forma en que le hablaban sus padres o familiares cercanos, quizás pudo haber escuchado expresiones como "tú no sirves", "siempre haces las cosas mal" o tal vez le compararon con alguno de sus hermanos, primos, amigos u otra persona.

Cada una de esas palabras de maldición, influyeron internamente y de un modo negativo en su corazón, y pueden llegar a reflejarse en el presente de diversas formas: Baja autoestima, rechazos, retraimiento, timidez excesiva, rencor, frustración, entre otras. El alfarero quiere regenerar su vaso, eso implica que también ese vaso debe estar dispuesto a dejarse tratar y moldear por esas dulces manos que sanan y nos llevan a nuestra forma original. Amiga es hora de cambiar, decídase a asumir el reto y él hará.

Entre las tantas heridas suscitadas en la niñez, hay una que resulta bastante dolorosa y triste, que aunque muchas hubieran deseado no vivirla, sin embargo, les resultó imposible lograr el control sobre ella por ser ajena a su voluntad. Me refiero al divorcio de los padres: Por más que los niños deseen que sus progenitores estén con ellos durante toda la vida, no pueden evitar la separación cuando éstos deciden solucionar sus conflictos mediante el divorcio. Este problema, trae grandes heridas al corazón del infante, y aún en su estado de adultez, a simple vista no son notorias, pero cuando se ministra en esta área, la persona termina reconociendo su trasfondo.

Si su condición ha sido semejante a ésta, no permita que tales situaciones del pasado sigan afectando su presente. Deje que el Señor regenere su vida con el poder sanador del Espíritu Santo. Mujer, hoy usted puede hacer que su vaso recobre nuevamente su transparencia. No tenga temor, el bálsamo del Espíritu de Dios le cubrirá y grandes cosas ocurrirán en su vida. Mujer, es hora de perseverar, es hora de ganar. Cobre ánimo y siga adelante.

Otra grieta que puede aparecer en nuestro vaso, es aquella causada cuando sufrimos la pérdida de un pariente cercano como: padres, hermanos, tíos, abuelos o algún amigo, lo cual produce una profunda tristeza en el corazón. Recuerdo que cuando aún era una adolescente sufrí la pérdida de un familiar muy amado (mi querido tío Teodoro), cuando recibí la penosa noticia, no lo podía creer, para mí era algo muy difícil de superar, ¡sólo era una niña! Ese dolor, causó un gran vacío en mí, cada día al acostarme sólo pensaba y visualizaba su rostro mientras que lloraba hasta quedarme dormida.

Recuerdo que siempre me preguntaba ¿Por qué tuvo que ser él? Con el tiempo, al dejar de ser adolescente y convertirme en mujer, conocí la verdad del Evangelio y recibí la respuesta que trajo sanidad a mi espíritu, entendí que el dueño de todas las cosas que nos rodean es Él, mi precioso y amado Jesús y que todo lo que Él permite, aunque sea doloroso o triste, nos ayuda a bien.

***Romanos 8:28** Y sabemos que a los que aman a Dios, todas las cosas les ayudan a bien, esto es, a los que conforme a su propósito son llamados.*

La mayoría de estos problemas traen consigo una consecuencia que también debe ser tratada: La depresión, lo cual no es otra cosa que una tristeza profunda y excesiva, que desvaloriza la integridad del ser humano llevándolo a situaciones emocionales altamente peligrosas, sobre todo si no son tratadas a tiempo. La depresión se arraiga en el alma, y la única manera de quitarla de nuestra vida es a través de la intervención del hermoso Espíritu Santo, quien llega hasta donde el hombre y la psicología no pueden llegar.

Él hace una especie de cirugía espiritual, extirpa la depresión y toda raíz de amargura que estorbe, y dulcemente cierra la herida del corazón sin dejar marcas ni cicatrices, de modo que nunca más recordemos el dolor que nos causaba aquella situación. Debemos siempre recordar la benevolencia del Señor y decir *"Bendice, alma mía, a Jehová, Y no olvides ninguno de sus beneficio"*. Salmos 103:2.

La gran pregunta que hace la mayoría de mujeres que han experimentado estas situaciones en su pasado es ¿Cómo puedo ser sanada de estas heridas? Y es ese el punto álgido de este asunto. Es que Dios, más que sanarnos, está interesado en regenerarnos, en hacernos de nuevo.

Permítame ilustrarlo mediante un ejemplo: Imagine que Dios le dice: "Hija, sé que estás herida, golpeada y cansada. Tu vaso está agrietado, pero, qué bueno que viniste a mí, porque justamente por aquí tengo algunos parches que podrán tapar tus grietas. Eso sí, por fuera aparentarás estar bien, pero debes saber que internamente nunca funcionarás igual, porque sólo te he reparado. Por eso debes tener cuidado, ya que una fractura más, y no sólo romperás de nuevo el vaso, sino que será imposible colocar otro parche sobre el que ya estaba puesto."

Creo que si usted llegara a escuchar a Dios decir tales palabras, ya no quedarían esperanzas en nosotras. El Señor, realmente diría algo así:

"Hija, sabes que te amo. Sé que estás herida y golpeada, sé que has intentado reparar tu vaso, pero no has logrado mucho porque lo has intentado con tus propias fuerzas humanas. Hoy he venido a proponerte un trato: Entrégame tu vida golpeada, fracturada y reincidente en los mismos errores, entrégame todo tu pasado, tus dolores y tus fracasos. Déjame llevar a la cruz esa clase de vida que no te ha funcionado, y a cambio te doy mi verdadera vida, con la que hice los cielos y la tierra, el sol y las estrellas, te doy mi vida espiritual con la que resucité para que a partir de hoy, vivas con esta clase de vida."

Es tiempo de permitirnos el disfrute de todas las bendiciones que nos ha preparado el Señor, de todo lo bueno, puro, misericordioso que él ha sido, por tanto, debemos despojarnos de todo lo que pudo haber afectado nuestro pasado y seguir caminando hacia el cumplimiento de cada una de las promesas que él nos ha dado. Comience desde hoy a creer que ya usted fue regenerada en el espíritu, que ya fue impartida de una nueva naturaleza, y pronto verá el fluir de su gracia levantándola en poder y bendición. Salmos 46:1 Dios es nuestro amparo y fortaleza, Nuestro pronto auxilio en las tribulaciones.

UNA MIRADA AL PRESENTE

Proyectándonos Hacia La Gloria Venidera

Son muchas las circunstancias que pueden golpear el alma de la mujer causando grietas profundas en su vaso frágil, pero alguna de ellas, suceden, no en la etapa de su niñez, sino más bien durante la edad adulta.

El divorcio o abandono por parte del marido, suele ser una de las situaciones más dolorosas y traumáticas en la mujer. Generalmente, en este tipo de situaciones las mujeres se hacen propensas a generar mucho resentimiento y rencor hacia sus esposos, debido a las palabras recibidas que golpearon su dignidad. Escuchar frases como: "Ya no te amo", "estás muy fea y gorda últimamente", "ya no eres la misma de quien me enamoré", "no sirves", "para que me casaría contigo", entre otras, son como fuertes espadazos al corazón.

Pero también cuando recibimos palabras hirientes de personas a quienes amamos como nuestros padres, o personas que están en posiciones de influencia sobre nosotras: "De toda la familia, ésta es la única que no estudió", "ella es la oveja negra de la familia", "tú nunca sabes nada".

Iras, enojos, provocados por discusiones con otra persona la cual nos ha ofendido. Los celos amargos, cuando vemos a la persona que amamos con alguien que no somos nosotras. La traición de alguien cercano a usted, de algún familiar, amigo, o cuando se trata de alguien a quien usted ha ayudado, servido o dedicado tiempo y esfuerzo, todo esto trae fracturas a la vida de la mujer.

Cuando nos sentimos desvaloradas como mujeres. Cuando perdemos a la persona que amamos (padres, hermanos, esposos). Cuando alguien que está en autoridad sobre usted, le daña, le ofende o maldice, y provoca una profunda amargura en su corazón.

En los casos cuando fracasa en algo, o no logra lo que se ha propuesto, aún cuando puso en ello todo su esfuerzo. Cuando se siente rechazada en el ambiente en donde se desenvuelve (universidad, colegio, trabajo, iglesia, hogar). Cuando es irrespetada, calumniada, ultrajada o abusada en cualquier sentido. Todos estos son factores externos que afectan nuestro desempeño, los cuales, si no los tratamos con la actitud correcta, podrían convertirse en poderosos agentes de bloqueo en nuestro caminar, en piedras de tropiezo que pueden minimizarnos y anularnos en la vida.

El pecado también deja en la mujer una grieta profunda; nuestro vaso se mancha y se agrieta cuando fallamos en actitudes como el orgullo, altivez, soberbia. Mentiras, chismes, o por la práctica de cualquier acto contrario a la Palabra de Dios. Esto da a Satanás, una puerta donde entrar y así causar daños en nuestras vidas hasta afectar el futuro. Efesios 4:26-27 *Airaos, pero no pequéis; no se ponga el sol sobre vuestro enojo, 27 ni deis lugar al diablo.*

Por tanto, Vaso Frágil, prepárese para cerrar toda puerta que haya estado abierta al enemigo, y busque la bendición de Dios sobre su vida. Entienda que el Señor nunca deseó que usted se encontrara rodeada de tan amargas experiencias. Él, antes de haberla concebido en el vientre de su madre, ya había pensado en usted. Usted no vino a este mundo por una circunstancia extraña o por una mala casualidad del destino. ¡No! Usted, que ahora está leyendo este libro, a través del cual el Señor ha estado ministrando a su vida, fue colocada por Dios en ese vientre por una sola razón: Cumplir su propósito en esta tierra.

Las dificultades producen lágrimas y dolor, pero debe desechar toda raíz de amargura, tristeza y aún aquello que en un momento de su vida le haya dañado, pues dice la escritura: Hebreos 12:15 Mirad bien, no sea que alguno deje de alcanzar la gracia de Dios; que brotando alguna raíz de amargura, os estorbe, y por ella muchos sean contaminados.

Es necesario tomar decisiones concretas, debemos dar pasos determinantes a fin de renunciar y despojarnos de todos los lastres de nuestro pasado, pues no podemos dejar de alcanzar la gracia de Dios, sino más bien, quitar de nosotras todo lo que nos pueda estorbar. Además, es muy difícil vivir una vida cargada de dolores, tristezas y con una cantidad de problemas que parecieran no tener fin.

En la misma carta, el escritor dice: Hebreos 12:1-2 *Por tanto, nosotros también, teniendo en derredor nuestro tan grande nube de testigos, despojémonos de todo peso y del pecado que nos asedia, y corramos con paciencia la carrera que tenemos por delante, 2 puestos los ojos en Jesús, el autor y consumador de la fe.*

Así que, amada hermana, corra, despójese de todo peso, de todo pasado, de aquello que le haya dañado o le esté afectando y comience ver un nuevo amanecer en su vida. Recuerde que hay un futuro glorioso prometido por Dios, y usted es un vaso hermoso en el cual Dios derramará sus más ricas y sobreabundantes bendiciones. Ése es su destino, ése es su próximo nivel.

CAPÍTULO 4

***Salmos 147:3** El sana a los quebrantados de corazón, Y venda sus heridas.*

RESTAURANDO LAS GRIETAS DEL VASO FRÁGIL

Soluciones Del Espíritu A Los Problemas Del Alma

Cuando descubrimos que hay pequeñas grietas que han marcado nuestro vaso, cuando nuestra fragilidad se ha visto afectada por aquellas consecuencias que se produjeron a raíz de un problema en el pasado, entonces es tiempo de comenzar a regenerar el vaso frágil. Para ello debo comenzar primeramente explicando la forma la dinámica divina para efectuar dicho proceso.

El alma, como centro de operación de las emociones y sentimientos, se ve afectada por cada circunstancia dolorosa que experimentamos; esto se debe a que en ella funciona nuestra mente, la cual está conformada a su vez por dos estados: el consciente y el inconsciente.

El estado consciente, es la parte operativa de nuestra psique, que nos hace estar apercibidos en el momento mismo en el que están sucediendo las cosas. En contraposición, podemos definir el inconsciente como aquella parte de nuestra mente que realiza las cosas de las cuales "no me doy cuenta". Algunos científicos hablan también de un tercer estado: el subconsciente; sin embargo, en nuestro caso lo trataremos como parte integrante del inconsciente.

El inconsciente, entonces, determina los comportamientos, conductas, y aún, la fisiología de los individuos; condiciona prácticamente la vida de la persona, y es responsable de 95% del total de sus patrones operativos, mientras que el consciente regula únicamente 5% de éstos.

Es en el inconsciente en donde se alojan los hábitos, los recuerdos, las experiencias, sean éstas buenas o malas, y desde allí, emanan órdenes que se traducen en actitudes, las cuales resultan inadvertidas por nuestro consciente. En consecuencia, ante una situación inesperada y repentina, las personas actúan con violencia, con retraimiento o timidez, con efusividad, con ira, o intempestivamente, sin saber por qué reaccionaron de esa forma.

La razón de ello se debe a que en nuestro inconsciente se encuentran presentes todas aquellas experiencias dolorosas que nos afectaron en algún momento de nuestra vida, sin importar la cantidad de años que hayan transcurrido desde el incidente, y cada vez que afrontamos situaciones similares, actuamos impulsados por nuestro dolor. En tal sentido, se hace necesario trabajar con un proceso interno de restauración, al cual, no quisiera llamarle Sanidad Interior o Sanidad del alma, porque, como lo dije anteriormente, la respuesta no está en restaurar el alma sino en vivificar el espíritu.

En este punto, resulta imperante aclarar el concepto de "vivificación del espíritu". Ser vivificados en el espíritu, no tiene que ver en lo absoluto con una terapia psicológica, ni tiene relación con regresiones o hipnotismo, tampoco es un viaje retrospectivo bajo efectos de alucinógenos o sugestiones mentales. No consiste en manipulaciones o violaciones de la mente del individuo. La regeneración interior de la cual estoy hablando, no está relacionada con alguna de las terapias diabólicas que promueve la Nueva Era, ni tiene que ver con control mental, tampoco con subliminalismos, ni con el gnosticismo.

Es muy cierto que en la actualidad algunos creyentes han sido víctimas de abusos por parte de personas inescrupulosas que, usando la Palabra de Dios como pretexto, se han presentado como ministros de justicia sin serlo, y en realidad, han causado daños profundos al introducir en la iglesia este tipo de prácticas extrañas a la fe, bajo el nombre de sanidad interior.

No debemos olvidar que Satanás es un plagiario que quiere pervertir con una falsa imitación, la verdadera obra restauradora del Señor, a fin de colocar argumentos y prejuicios en las mentes de los creyentes con el propósito de impedir mediante el temor, que abran su corazón a Dios para que él los sane.

La verdadera y genuina sanidad interior, es la obra vivificante realizada por el Espíritu Santo de Dios en nuestro espíritu. Es cuando la naturaleza de Dios nos es impartida en un acto de fe, cuando decidimos creer en su Palabra y apropiarnos de este modo de cada una de las promesas que nos pertenecen en el nuevo pacto de la Gracia como herencia espiritual eterna. Es cuando el Rhema de Dios, la Palabra revelada, surte un efecto transformador en nuestro ser, impulsándonos en un cambio de fondo y de naturaleza en nosotras.

La Palabra de Dios es viva y eficaz, así lo expresa ella misma. Hebreos 4:12-13 *Porque la palabra de Dios es viva y eficaz, y más cortante que toda espada de dos filos; y penetra hasta partir el alma y el espíritu, las coyunturas y los tuétanos, y discierne los pensamientos y las intenciones del corazón. 13 Y no hay cosa creada que no sea manifiesta en su presencia; antes bien todas las cosas están desnudas y abiertas a los ojos de aquel a quien tenemos que dar cuenta.*

Es impresionante lo claro de este texto, cuando nos enseña que no se trata de una sanidad de los dolores causados por nuestras tristes experiencias, sino de una impartición, de la dotación del más amplio y magnífico poder restaurador, cuando nos exponemos a corazón abierto ante la Palabra de Dios.

La Palabra de Dios es viva. El término usado en el texto griego para referirse a la Palabra es "Rhema", que significa "palabra revelada". Asimismo, para referirse a la vida intrínseca a la Palabra, utiliza el vocablo "Zoe". Esta locución significa "vida intensiva". De este modo, tenemos que la palabra de Dios es una mezcla de Rhema con Zoe, esto es, una Palabra que nos es revelada, que nos es aclarada en nuestra mente y espíritu, y que además, cuando la entendemos, nos imparte de la vida que está en Dios.

No es cualquier vida, sino la clase de vida que tiene Dios, es la vida abundante. Dios viene a llenar cualquier necesidad en nosotras con el suministro de su Palabra. Cuando entramos en un proceso de comunión con el Espíritu Santo y lo dejamos actuar a través de la Palabra, toda la vida de Dios nos es suministrada como un regalo, como un presente por haber creído. Juan 6:63 *"El espíritu es el que da vida; la carne para nada aprovecha; las palabras que yo os he hablado son espíritu y son vida"*.

Cuando dejamos que el alfarero divino trabaje en nosotras mediante su Palabra, imparte toda la vida espiritual que reside en él, hasta desarraigar nuestros malos recuerdos, traumas, resentimientos o rencores que están alojados allí, entonces, él con sus preciosas manos nos saca del torno en que nos estaba dando una nueva forma para luego darle un acabado final a su obra en nosotras, hasta hacer desaparecer toda marca o vestigio del pasado.

Es también importante destacar que la Palabra de Dios "penetra hasta partir el alma del espíritu". Ella no viene a sanar el alma, viene a partirla, a separarla de lo espiritual. La Palabra discrimina los dolores y rencores de la carne (alma) y dispone nuestro hombre interior (espíritu) para ser impartido de la vida abundante que de ella emana. ¿No es esto hermoso? La Palabra de Dios se encarga por sí misma de hacernos caer en cuenta de lo que pertenece al alma (a la carne), y de lo que pertenece al Reino de Dios, a la vida del Espíritu.

No se trata de suprimir o de ignorar el dolor, no es una amnesia selectiva mediante la cual borramos las experiencias traumáticas de nuestro pasado. Es más bien, que la Palabra viene a revelarnos que tales dolores son del alma, de la carne y que en vez de lidiar con ellos, resulta mejor ponerlos a los pies del Señor, clavarlos en la cruz y prepararnos para ser investidas de la mayor y más maravillosa presencia del poder de Dios manifiesto en nuestro espíritu. Gloria a Dios.

Tendemos a equivocarnos cuando actuamos por nosotras mismas, pero resulta de gran provecho dejarle al Señor todo aquello que nos ha afectado. No tomemos decisiones basadas en las circunstancias, sino, permitámosle al amado alfarero que haga su justicia en nosotros, y aún en aquellos que nos han herido, pues uno de sus nombres es *Jehová-Tsidkenú*, que traducido es *"El Señor es Nuestra Justicia"* (Jeremías 33:16)

Entonces, amada amiga, ¿No es mejor dejar en Sus manos, aquellas personas que han causado una grieta en el precioso vaso?

Declare hoy su Palabra y espere bendiciones para su vida. Mujer, decídase, búsquele y espere en él.

CAPÍTULO 5

Jeremías 33:6 *He aquí que yo les traeré sanidad y medicina; y los curaré, y les revelaré abundancia de paz y de verdad.*

¿NECESITA MI VASO SER RESTAURADO?

Grietas Que No Se Ven

En diferentes oportunidades he podido escuchar desahogarse a algunas mujeres al decir: ¡He pasado cosas terribles!, ¡he tenido que vivir experiencias muy amargas!, pero asimismo he visto a muchas otras que aunque no pronuncian palabra alguna, tan sólo con observar sus rostros cubiertos de su bien delineado y perfecto maquillaje, puedo enseguida darme cuenta de que también han sido mujeres sufridas y golpeadas.

En el capítulo anterior expuse algunas de las diferentes situaciones que pudieron haber causado una grieta en el vaso de muchas mujeres, pero aunque ninguno de los puntos tratados identifique su caso particular, es probable que usted sienta que de igual modo, necesite ser tratada en su interior por la mano de nuestro dulce alfarero, El Señor Jesucristo.

Existen condiciones de inestabilidad interna, que pueden entorpecer el fluir de la vida espiritual que nos ha sido impartida por el Señor. Cuando venimos a Cristo, suponemos que todo nuestro mundo interior ha sido ordenado por su mano, y que por ende, las cosas deberían funcionar a la perfección. Sin embargo, notamos que en la realidad no es así. A veces encontramos en nosotras ciertas actitudes que no comprendemos y que nos impiden avanzar en el propósito de Dios, y nos detienen.

Se hace necesario identificar estas actitudes y reconocerlas, a fin de actuar oportunamente para erradicarlas de nuestras vidas. La Biblia tiene un modo muy práctico de llamar este tipo de inestabilidad en nuestro hombre interior: Hebreos 12:15 Mirad bien, no sea que alguno deje de alcanzar la gracia de Dios; que brotando alguna raíz de amargura, os estorbe, y por ella muchos sean contaminados.

Una raíz está presente pero permanece oculta, tarde o temprano brota, y luego produce un fruto. Hablar de raíces de amargura, no quiere decir que usted sea una mujer amargada. Es posible no estar amargada y al mismo tiempo, tener una raíz de amargura. ¿Cómo puede esto suceder? Cuando la Escritura se refiere a raíces de amargura, está hablando de actitudes que producen en nosotras desequilibrios espirituales y emocionales.

Al inicio, parecen sólo explosiones temperamentales, pero pronto se traducen en manifestaciones de infelicidad, frustración, depresión, ira y enojo. Se les llama raíces de amargura, porque finalmente, estas actitudes, inocentes al principio, producen siempre al final el mismo fruto, el mismo resultado: llevarnos a un profundo estado de amargura que puede aún llegar a afectar hasta a nuestros seres más amados.

Es por ello que a continuación, analizaré algunas actitudes que le ayudarán a identificar la posible presencia de raíces de amargura en su vida. Preste mucha atención y pídale al Espíritu de Dios que en este momento traiga a su consciente aquello que quizás esté alojado en su inconsciente, y en consecuencia, como esa raíz de amargura, necesite ser extirpada de su interior.

Recuerde, el Señor provee sanidad y medicina para toda herida que esté en usted, le ofrece la cura para ella, pero lo más importante es que le revelará abundancia de paz y de verdad. ¡Amén! Podemos entonces entrar a este tan precioso y delicado tema.

¿QUIÉNES NECESITAN SER RESTAURADOS?

Las Personas Introvertidas En Extremo

La palabra "introvertida" significa "verter todo en el interior". Son aquellas que muestran una conducta cerrada, que no son libres en sus relaciones interpersonales, que siempre se van a un lado cuando hay otras personas a su alrededor, su mirada al hablarles siempre tiende a bajar, son personas temerosas, hurañas, tímidas, casi nunca sonríen, no muestran felicidad alguna. Son personas a quienes se les dificulta dar y recibir amor.

Puede haber personas de personalidad introvertida, pero aquí me refiero a aquellas otras que en algún punto de su vida decidieron retraerse y cohibirse, y optaron por hacerse a un lado. Tener una personalidad introvertida no le hace una persona amargada, pero hay mujeres que determinaron asumir una actitud esquiva, seca y hermética, que prefieren ser consumidas por sus propias emociones antes que expresarlas. Esta clase de introversión es una raíz de amargura.

Recuerdo a un personaje de la Escritura llamado Mefiboset, hijo de Jonatán, nieto de Saúl. Sin duda alguna, su perfil encaja perfectamente al del tipo de personas que estamos estudiando.

La historia comienza con David, quien luego de haber decapitado a Goliat, hizo un pacto de hermandad con su amigo Jonatán, hijo del rey Saúl. Posteriormente, mueren Saúl y Jonatán en el campo de batalla, y David es coronado como rey de la nación. Cuando recuerda el pacto que había hecho con Jonatán, mandó a que buscasen a los descendientes de Saúl para honrarlos: 2 Samuel 9:1 Dijo David: ¿Ha quedado alguno de la casa de Saúl, a quien haga yo misericordia por amor de Jonatán?

Uno de los servidores de David le habló acerca de Mefiboset, hijo de Jonatán, el cual era lisiado de las piernas. Cuando era niño, su nodriza huía con él en los brazos y tropezó y cayó, provocando que sus piernitas se quebraran. 2 Samuel 4:4 Jonatán hijo de Saúl tenía un hijo lisiado de los pies. Tenía cinco años de edad cuando llegó de Jezreel la noticia de la muerte de Saúl y de Jonatán, y su nodriza le tomó y huyó; y mientras iba huyendo apresuradamente, se le cayó el niño y quedó cojo. Su nombre era Mefi-boset.

Mefiboset era un niño traumado, con una infancia recargada de crueldades, pero era hijo de un príncipe. No obstante, se escondió durante toda su vida, que ni aún David, siendo amigo de Jonatán, supo de su existencia.

Cuando le hallaron, fue traído a la presencia del Rey para brindarle favores. En ese momento, Mefiboset pudo haber dicho ¡Ha llegado el tiempo para mí!, sin embargo, note las palabras que declaró ante David: 2 Samuel 9:6-8 Y vino Mefi-boset, hijo de Jonatán hijo de Saúl, a David, y se postró sobre su rostro e hizo reverencia. Y dijo David: Mefi-boset. Y él respondió: He aquí tu siervo. 7 Y le dijo David: No tengas temor, porque yo a la verdad haré contigo misericordia por amor de Jonatán tu padre, y te devolveré todas las tierras de Saúl tu padre; y tú comerás siempre a mi mesa. 8 Y él inclinándose, dijo: ¿Quién es tu siervo, para que mires a un perro muerto como yo?

Sin duda, era terrible el concepto que Mefiboset tenía acerca de su propia persona: Quizás se veía como un hombre sin valor, tal vez se sentía inútil, incapaz de hacer algo provechoso, triste, acomplejado por su defecto, rechazado por la sociedad, pero al estudiar su vida, puedo darme cuenta que la experiencia que le tocó vivir en su niñez, la convirtió en angustia, infelicidad y amargura, lo cual influyó para convertir a un hombre potencialmente valioso, en alguien introvertido y frustrado.

Es muy probable que sus experiencias de vida, también le hayan marcado de tal manera que hoy exista un gran dolor en usted. Pero ahora, lo más importante no es lo que vivió, no es ese pasado que jamás hubiese deseado experimentar. Quizá alguna "nodriza" que le sostenía le dejó caer, y usted fue golpeada. Pero hoy, quien le lleva cargada en sus brazos es el Señor, el Pastor de los Pastores; Él no le dejará caer, no le hará tropezar, porque le sostiene como a un niño en los brazos de su madre. Él quiere cuidarle, sanarle y restaurar esa grieta en su vaso. Su misericordia es mucho más grande que cualquier dificultad del pasado.

Algo que me impresiona, es que David no miró la actitud de Mefiboset, por el contrario, mandó llamar a Siba, siervo de Saúl, para que sirviera a Mefiboset, y es así como David el Rey, lo hace sentar a su mesa como a uno de de sus hijos. 2 Samuel 9:11 ¹¹ *Y respondió Siba al rey: Conforme a todo lo que ha mandado mi señor el rey a su siervo, así lo hará tu siervo. Mefi-boset, dijo el rey, comerá a mi mesa, como uno de los hijos del rey.*

Mujer, el Señor quiere sentarse con usted, Él la colocará en un lugar privilegiado y permanecerá a su lado, Él cubrirá su defecto con su presencia. Mientras Mefiboset estaba sentado en esa mesa, nadie podía notar que era lisiado. Él le dará el valor que usted se merece y nunca más recordará el problema con amargura, dolor, sino como una experiencia superada.

Debo comentar algo más, lo cual llama mi atención profundamente ¿Por qué David quería hacer misericordia a algún miembro de esa familia por amor a Jonatán? Leamos 1 Samuel 20:15-16 *y no apartarás tu misericordia de mi casa para siempre. Cuando Jehová haya cortado uno por uno los enemigos de David de la tierra, no dejes que el nombre de Jonatán sea quitado de la casa de David. 16 Así hizo Jonatán pacto con la casa de David, diciendo: Requiéralo Jehová de la mano de los enemigos de David.*

Note que entre David y Jonatán hubo un pacto en el cual estaba el nombre de Jehová. Leemos también en 1 Samuel 20:42 *Y Jonatán dijo a David: Vete en paz, porque ambos hemos jurado por el nombre de Jehová, diciendo: Jehová esté entre tú y yo, entre tu descendencia y mi descendencia, para siempre. Y él se levantó y se fue; y Jonatán entró en la ciudad.* Así, David cumple ese pacto, haciendo misericordia sobre Mefiboset.

Ahora, en la historia hubo un pacto mayor que éste, el cual le involucra directamente a usted; pacto hecho dos mil años atrás y que aún está vigente: El pacto de Jesucristo en la cruz. Jesucristo aceptó la muerte en una cruz como un pacto perpetuo para todas las generaciones, Él dijo al Padre "Si es posible pasa de mí esta copa", pero ambos pensaron antes en esta preciosa humanidad en donde usted ya estaba incluida, es por ello que dice en Isaías 53:5 *Mas él herido fue por nuestras rebeliones, molido por nuestros pecados;*

el castigo de nuestra paz fue sobre él, y por su llaga fuimos nosotros curados.

Todo aquello que puede causarle dolor, angustia, tristeza, ya el Señor Jesucristo lo vivió en su propio cuerpo para que hoy usted no tenga que sufrirlo nuevamente. Ese pacto de cruz sellado con la sangre del Cordero de Dios, también fue para que usted recibiera su gracia y favor, de modo que pueda sentarse como hija y heredera del Rey, nuestro Padre Eterno.

Personas Llenas De Rencor

Cuando atravesamos situaciones ajenas a nuestra voluntad, las cuales golpean duramente nuestra dignidad, muchas veces somos heridas a tal punto, que se origina en nosotras una profunda decepción muy difícil superar. Es éste el nido en donde se incuba el resentimiento o rencor, el cual es un sentimiento inhibido de venganza.

Normalmente el rencor se genera cuando la persona se ha sentido ofendida, humillada, dañada o ridiculizada, y puede permanecer como un sentimiento oculto sin llegar a manifestarse de un modo visible, pero que va consumiendo nuestra felicidad, nuestra libertad hasta convertirse en un veneno interno que contamina todo nuestro espíritu.

No es fácil detectar el rencor, pero si se afina la percepción, hay algunos signos que señalan su presencia. Las personas rencorosas tienden a ser muy impulsivas, envidiosas, desconfían de quienes las rodean, siempre son negativas, especialmente hacia quien generó el rencor. Buscan defectos en los demás, se aíran fácilmente, con nada están de acuerdo, y aunque no siempre revelan la experiencia que vivieron, hablan con desdén.

Muchas veces la disposición negativa de la persona rencorosa, puede llevar incluso a boicotear iniciativas o negarse a participar y marginarse de ciertas acciones propuestas por esa persona contra la cual sienten rencor. Generalmente evitar hablar con ella, y cuando lo hace, le habla de forma seca y dura, incluso, le puede costarle mucho el mirarle directamente a los ojos.

Pese a la adversidad y a los malos recuerdos, creo firmemente que hoy es el tiempo de cambiar; no podemos, por un problema del pasado, pasar toda una vida enfermos en nuestra alma. Si usted tiene hijos, recuerde que aquello que su vida refleje, será el patrón para ellos, no podemos permitir que nuestras desdichas conviertan a nuestros hijos en amargados, cargados de rencor o tristeza; al contrario, permita que ellos vean el ejemplo de una madre que supo reconocer su debilidad y actuar en amor con un corazón lleno de perdón y dominio propio, aunque tuvo que pasar por situaciones adversas.

Quizás usted no fue responsable de lo sucedido, pero si lo será de lo que vendrá. Decídase a cambiar, hoy es el tiempo.

Personas Críticas Y Negativas: Rebeldía Oculta

En términos psicológicos, se entiende por rebeldía a toda actitud de oposición violenta y tenaz a lo prescrito o establecido, aún hasta a aquello que ha sido impuesto por el uso o la costumbre. Esta conducta agresiva va dirigida contra todo orden en las cosas, y por lo general, primero se manifiesta en forma verbal, a través de la contestación, pero luego tiende a desarrollar actitudes cada vez más violentas.

La rebeldía no es un acto exclusivo de la adolescencia, aunque es quizá allí en donde más se evidencie, pero en los adultos se presenta en forma muy variada: Desde su prenuncio, a través de un simple brote infantil momentáneo, hasta la contestación sistemática y desenfrenada.

He visto muchas mujeres con rebeldía oculta. Son por lo general, personas carentes de temor de Dios. Declaran críticas negativas y destructivas, sin importarles lo que el Señor dice en su Palabra. Desconocen el respeto hacia el prójimo, son murmuradoras, pues no comunican la insatisfacción sino cuando salen del entorno, son chismosas, irrespetuosas con la autoridad, pueden dañar a cualquiera porque simplemente "no les cayó en gracia". Fingen estar de acuerdo, pero sólo es una muestra de su falsedad. Ellas inician el problema, involucran a todas las personas posibles y luego se esconden entre ellos. Al ser confrontados siempre expresan "esa fue la gota que derramó el vaso" sin que el otro supiera que había un "vaso que se estaba llenando".

La Biblia dice que esas actitudes son obras de la carne como: *"idolatría, hechicerías, enemistades, pleitos, celos, iras, contiendas, disensiones, herejías, 21 envidias, homicidios, borracheras, orgías, y cosas semejantes a estas; acerca de las cuales os amonesto, como ya os lo he dicho antes, que los que practican tales cosas no heredarán el reino de Dios".* Gálatas 5:20-21

A una persona que viva en esta condición, le es necesario renunciar a tales actitudes, someterse a un proceso de restauración y sujetarse a una autoridad ministerial, debido a que muy probablemente, nunca aprendió el respeto ni el temor de Dios.

La obediencia es algo que se debe aprender. Del mismo modo que usted aprende a leer, a escribir, a sumar o a conducir una bicicleta, también le es necesario aprender a obedecer.

***Hebreos 5:7-9** Y Cristo, en los días de su carne, ofreciendo ruegos y súplicas con gran clamor y lágrimas al que le podía librar de la muerte, fue oído a causa de su temor reverente. [8] Y aunque era Hijo, por lo que padeció aprendió la obediencia; [9] y habiendo sido perfeccionado, vino a ser autor de eterna salvación para todos los que le obedecen.*

Cristo aprendió a obedecer. Aprendió porque no sabía. Él era Dios, por lo tanto, era Espíritu, nunca antes supo lo que significaba estar sujeto a Dios como carne, hasta que se hizo carne. El verbo se hizo carne porque no lo era, y al hacerse carne, tuvo que aprender a obedecer a Dios como carne, así como usted y yo también podemos. Cristo se hizo carne, no carnal. Aprendió a obedecer como carne, como hijo. Nosotras podemos del mismo modo aprender lo que es la obediencia, para ello, necesitamos sacar lo carnal para aprender lo espiritual: obediencia.

Cuando hago referencia a la rebeldía en la mujer, es muy probable que durante su niñez haya sido afectada e inducida hacia la rebeldía, pues quizás la manera como le hablaron no fue la correcta, sino que recibía sólo palabras de maldición. También se puede ver en el trato físico recibido, es decir, si fue a través de golpes y abusos, entonces es probable que actualmente ella vea reflejada en sus figuras de autoridad, como su esposo, pastores o líderes, a las personas que le criaron (y maltrataron, por supuesto). ¡Cuánto les cuesta sujetarse!

Nunca es tarde, si quizás todo este aspecto le ha parecido muy fuerte, y se ha sentido de alguna manera confrontada, ¡No se angustie! El Señor Dios Todopoderoso quiere comenzar a hacer su obra en usted. Quiero repetir nuevamente lo escrito antes: Quizás usted no fue responsable de todo lo que vivió, pero sí lo es de lo que ahora en adelante haga con su vida.

El Señor mira su corazón, si hoy decide aceptar que necesita un cambio, él está dispuesto a trabajar en usted. No deje pasar el tiempo, hoy es el día para ese milagro, coloque su corazón en el torno de Dios para que Él pueda darle forma nuevamente y vuelva a ser un VASO FRÁGIL.

Las Personas Rechazadas

El ser humano es completamente social. La primera necesidad del hombre fue suplida por Dios, cuando él mismo, sin necesidad de que Adán hubiese hecho reclamo alguno, observó que éste estaba solo, por lo cual procuró buscarle compañera, pero no le encontró ayuda idónea entre la creación, y fue así que luego de hacerle caer en un sueño profundo, sacó de sus costillas a la mujer.

Esta ilustración nos demuestra la necesidad gregaria del ser humano. No fuimos diseñados para estar solos sino para asociarnos. Génesis 2:18 "Y dijo Jehová Dios: No es bueno que el hombre esté solo". Resulta interesante que el significado de la palabra "bueno" en la lengua hebrea, también está relacionado con la excelencia, felicidad, prosperidad, riquezas y bienestar; y es que estas cosas sólo las podemos alcanzar cuando estamos correctamente asociados con Dios y con nuestros semejantes.

Leí hace poco acerca de un interesante experimento realizado por un equipo de investigadores en la Universidad de California en Los Angeles (UCLA), utilizaron un tomógrafo para observar cambios en el fluido de la sangre a varias partes del cerebro de los participantes, mientras manipulaban sus sentimientos. Los científicos sometieron a los voluntarios a un juego computarizado simulando un parque infantil. Ellos veían en el monitor una especie de juego con una pelota en la que participaban otros dos personajes representados por figuras animadas.

A los sujetos objeto del estudio, se les hizo creer que otras personas en un lugar remoto, controlaban a los otros dos personajes del juego, el cual consistía en tirar la pelota entre los tres, pero realmente no existían otros humanos jugando, sino que las imágenes eran controladas por la computadora, que se ocupaba de incluir al voluntario sólo al principio del juego y después lo dejaba por fuera.

Los resultados fueron sorprendentes, ya que la tomografía reveló que un área clave del cerebro, que se sabe está asociada con la respuesta inconsciente a los sentimientos desagradables causados por el dolor físico, se activó cuando el sujeto se sintió desplazado y rechazado por los supuestos otros dos participantes.

Los investigadores del estudio concluyeron que el cerebro humano experimenta la misma sensación de angustia cuando la persona es rechazada socialmente o excluida, que cuando es expuesta a un intenso dolor físico. El dolor psicológico en las personas, especialmente la tristeza y la soledad intensa, comparten algunos de los mismos senderos neurológicos que producen el dolor físico.

En otras palabras y a modo de ejemplo, su cerebro experimenta lo mismo cuando usted se corta accidentalmente con un afilado cuchillo mientras prepara el almuerzo, que cuando alguien le rechaza o le manifiesta alguna clase de desprecio. Los sentimientos causados por el rechazo social son instintos muy poderosos.

Es por ello, que las personas que han sufrido rechazo, enferman y son infelices en todo sentido, sienten un profundo dolor porque no recibieron amor por parte de sus allegados.

Un claro ejemplo de esto: Los intentos de aborto, cuando los padres no deseaban a ese pequeño, cada uno de esos intentos se transmitieron al feto y marcaron su vida desde antes de nacer. Otro ejemplo, es lo que sucede cuando un niño percibe que a otro de sus hermanos, se le da más atención y amor. También cuando en la niñez, recibió palabras como ¡Por qué te traje al mundo! ¡Antes que una niña hubiese deseado mejor un niño! (o viceversa).

Asimismo sucede en aquellas personas que sufren algún defecto físico, muchos sienten que la gente sólo los mira con lástima o profunda condolencia, y se sienten rechazados. Recuerde a Mefiboset, hijo de Jonatán, él sentía que todos lo rechazaban, quizá no era así, pero él lo percibía de ese modo. Sin embargo un día, el cual él creyó que sería igual a todos los otros días de su vida, lo alcanzó la amorosa mano del Señor y fue mandado llamar al palacio del Rey para devolverle todo lo que había perdido. ¿Por qué hoy no puede ser hoy su día?, prepárese para sentarse a la mesa del Rey. Algo grande y sin precedentes de parte de Dios le va a sorprender.

El Señor en su palabra dice algo muy claro y concreto en el Salmos 127:3 *"He aquí, herencia de*

Jehová son los hijos; Cosa de estima el fruto del vientre". Usted forma parte importante para el plan de Dios, aunque el hombre le haya rechazado, aunque una sociedad se haya vuelto contra usted, El Señor ha dicho que usted es "Cosa de estima" y ¿Quién es aquél que puede hacer o decir algo mayor que la palabra de Dios?, así que, nada, ni nadie podrá jamás invalidar el decreto divino: Que usted eres HERENCIA DE JEHOVÁ y vale mucho para Él. Ya es tiempo de volver a nacer, apresúrese, heredera de Dios.

Las Personas con Baja Autoestima

Mucho se ha escrito acerca de la baja autoestima, pero aún así, sigue siendo un flagelo emocional difícil de atacar, ya que involucra la voluntad de la persona y su capacidad de valoración. La baja autoestima comienza desde edad temprana, y estudios científicos han determinado las dolorosas consecuencias que arrastran consigo las personas que sufren de este complejo emocional.

Investigaciones hechas en Europa, han demostrado que los niños, niñas y adolescentes con baja autoestima y que sienten falta de cariño o atención de sus progenitores, son más propensos a ser víctimas de abuso sexual, porque no pueden identificar cuándo se les está faltando el respeto. También se ha comprobado, en otros estudios, que si un niño a los 10 años de edad sufre de baja auto estima, su tendencia a ser un adulto obeso es muchísimo mayor, que la de un niño sano interiormente, pero esta propensión es muchísimo mayor en las niñas.

No es de extrañar que siete de cada diez mujeres jóvenes sientan que de alguna manera no alcanzan a cubrir las expectativas sociales, ya sea en su apariencia, en su rendimiento o en sus relaciones. Lo más preocupante es que las jóvenes con baja autoestima son tres veces más propensas a involucrarse en conductas peligrosas y destructivas que pueden dejar huellas duraderas en sus vidas, y la probabilidad de comer desordenadamente, como la anorexia o la bulimia cuando se sienten mal consigo mismas, es 10 por ciento mayor.

Una baja autoestima puede desarrollar sentimientos de angustia, dolor, indecisión, desánimo, pereza, vergüenza, adicciones y otros malestares. Dentro de cada una de nosotras existen sentimientos ocultos que muchas veces no los percibimos. Esos malos sentimientos, como el dolor, la tristeza, el rencor, y otros, si no son tratados con los principios de la Palabra de Dios, acaban por convertirse en puertas abiertas para que el enemigo de Dios gane ventaja sobre nosotras.

Muchas mujeres viven frustradas y se sienten desvaloradas, pero muchas veces no son sus esposos los responsables, sino su baja autoestima, que las hace esclavas de estar siempre comparándose con los demás, sobrevalorando las virtudes y las capacidades de otros a quienes ven como superiores a ellas mismas. Sienten que quizá jamás llegarán a rendir como ellos, y esta postura le puede llevar a no tener objetivos, a no ver sentido en nada, y a convencerse de que son incapaces de lograr cualquier cosa a que se propongan.

Los psicólogos mencionan la "celotipia" o celos patológicos (enfermizos) en las mujeres, y casi siempre se deben a causa de una baja autoestima, porque piensan que otras mujeres tienen virtudes de las cuales ellas carecen, y generalmente ponen en riesgo su felicidad conyugal. Las mujeres que sufren ese tipo de trastornos, se tornan un tanto difíciles. Ellas, por diversas circunstancias han dejado que las situaciones las sobrecojan, sin tomar ningún correctivo.

Habitualmente, las mujeres con baja autoestima tienden a ser abandonadas, para ellas, es suficiente el vivir cada día sin tener que esforzarse por el futuro; son personas que reaccionan bruscamente ante cualquier comentario donde sean involucradas. Su espejo son los demás, siempre imitan, pero no son capaces de exponer sus pensamientos o ideas, no se atreven a superarse, no se esfuerzan por estudiar, no buscan prepararse, entonces no queda otra cosa que el sentimiento de sentirse desplazadas por cualquier otra persona, y asumen una actitud defensiva y terminan criticando todo lo que la otra persona hace.

Es bueno mirar en qué momento de su vida usted se ha visto afectada. ¿Qué situación causó el problema? ¿Acaso quería estudiar y la condición financiera de sus padres no se lo permitió? ¿O quizás ellos no le motivaron a hacerlo? También pudo haber sido comparada con sus hermanos, primos o vecinos y eso le desanimó, pero si quiere alcanzar los sueños que en el silencio de la noche usted se propuso hacer y aún no lo ha logrado, prepárese.

Si hoy quiere manifestar esa gran líder que está dentro de usted, busque superarse, estudie, prepárese sin importar la edad que pueda tener. Dice la palabra del Señor que hay tiempo para todo: Tiempo para nacer, para amar, reír y llorar (Eclesiastés 3). Así que, si ha llorado, ahora le toca reír y abastecerse de todos los recursos que Dios ha dispuesto para que usted se convierta en una mujer de excelencia.

No puedo concluir esta parte sin desenmascarar otros de los enemigos generados por la baja auto estima. Se trata de ese sentimiento de complejo por nuestra apariencia o fisionomía, quizá por su cabello, o por el cuerpo (pues o nos sentimos muy gorditas o muy flaquitas), por la estatura (muy altas o muy bajas), por nuestras facciones (si tengo la nariz muy ancha o muy perfiladas).

Particularmente yo tengo mi nariz ancha, pero permítame decirle algo: nunca me he sentido acomplejada por ello, al contrario soy feliz de ser así, por dos razones importantes; la primera de ellas es por que quien me formó en el vientre de mi madre, fue el Señor, y si a Él le gustó haberme hecho así, a mí también me gusta; y la segunda razón, es porque mi nariz es igual a la de mi padre, y como lo amo tanto, al mirarla entiendo que un pedazo de él, lo puso el Señor en mí ¿No es fabuloso eso? Además, este tipo de detalles son fáciles de solucionar: Con tan sólo un poco de maquillaje a uno y otro lado. ¡El problema desaparece!

Entonces, procure mantener una imagen excelente, porque usted es templo de Dios. Cuide su aspecto físico, valórese, no permita que las circunstancias la hagan ver desmejorada en su aspecto. Si ya las enemigas llamadas "canas" han llegado, apresúrese a buscar el nuevo color para su cabello, hermoséese, insista en obtener aquello que le haga lucir bien, busque asesoría al vestir, pues no todo los colores nos quedan bien, no se conforme con vestir cualquier cosa, ya que usted no es cualquier mujer, es un vaso frágil en manos del alfarero.

Cuando vea el amanecer cada mañana, alégrese, pues el Señor la necesita en ese hermoso día para su propósito. Él puso un don en usted y debe ejercitarlo, el trabajo que le fue encomendado no lo podrá hacer nadie más sino sólo usted. Recuerde lo que el proverbio dice: Proverbios 31:10 *"Mujer virtuosa, ¿quién la hallará?"*

Así que, el Señor ya la encontró, y ESA MUJER ES USTED. Sólo imagine cuánto se alegró Él por usted, que en ese mismo proverbio expresa: "Porque su estima sobrepasa largamente a la de las piedras preciosas". Hoy usted es ese rubí, esa esmeralda o quizás ese diamante en las manos de Dios. ¡Qué perfecto es su amor!

Las Personas Depresivas

Estoy convencida de que más que de un desorden químico en el sistema neurológico, las personas depresivas adolecen de un desorden espiritual. Quienes sufren de depresión, se han convencido de su propia imposibilidad de ser felices. Son personas que se han auto mutilado, han castrado toda posibilidad en sí mismas de ser diferentes, se rindieron ante una situación dolorosa y se doblegaron ante ella para someterse a la implacable tortura de sus propios pensamientos.

He visto muchísimas mujeres sufrir de este mal. Son introvertidas. Su semblante siempre expresa una tristeza, son muy calladas, siempre piensan que pueden ser motivo de burla de los demás, no les gusta que se hagan chistes o jocosidades cuando están presentes. Muchas de estas personas han sufrido la pérdida de alguien a quien amaban.

La depresión se puede conceptuar como una tristeza profunda alojada en el alma del ser humano, a nivel de las emociones. Esta tristeza es muy difícil de superar, sólo con la intervención del Espíritu Santo de Dios podemos salir de ella rápidamente. Las mujeres siempre tendemos a deprimirnos cuando se originan problemas, ejemplo: Con el marido, con los hijos, en el trabajo, y aún, en la iglesia.

El Señor me ha concedido el privilegio de pastorear junto con mi esposo, una hermosa y santa congregación, el "Ministerio Internacional CVV (Camino, Verdad y Vida) en Venezuela" con personas dedicadas al Señor y un fuerte deseo de servirle cada día, pero como en todo, de vez en cuando surgen problemas, y creo que trabajar con tantos temperamentos y caracteres diferentes es algo difícil para mí, ya que ni nuestras propias hijas nos provocan tantas preocupaciones, pero lo importante es que aunque se susciten problemas, la depresión nunca ha tocado la puerta de nuestros corazones. Nunca ha sido bienvenida.

Es posible que usted pueda deprimirse, pero tenemos al Espíritu de Dios quien nos trae consuelo y revelación cada día. En este momento recuerdo un par de frases de un ministro del Señor, cuando en una oportunidad en que la iglesia pasó por un momento difícil, me dijo: "Yalitza, tú enseñas a la iglesia a crecer, pero El Señor a veces nos enseña a crecer través de la misma iglesia".

¡Qué poder hay en estas palabras! Estas frases han calado en mi corazón y el Señor las confirma cada día para que siga adelante, no para que mis emociones se vean afectadas por las circunstancias, sino para traer un crecimiento a mi vida a fin de poner mis ojos en Él y no en las personas que me rodean.

Mujer si hay tristeza o soledad en su vida, entrégueselas al Señor, él es el precioso alfarero que seguirá dando forma a su hermoso vaso. No llore más, levante el rostro y haga como el águila, que se apoya en el viento contrario para realzar su vuelo y ver todas las cosas desde las alturas. ¿Para qué esperar más?. Remontemos nuestro vuelo con el soplo del Espíritu Santo y así podremos ver los problemas debajo de nosotras. Lo que era muy difícil de superar, dependiendo de la altura en que volemos, podremos verlo cada vez más pequeño. Adelante. ¡Hay nuevas e insondables alturas que debemos remontar!

Las Personas Amargadas

El dolor es una herida del alma, la cual, si no se trata a tiempo, puede llegar a infectarla. El dolor no se debe acumular. El canal de drenaje del dolor es el perdón. Las personas que acumulan todo el dolor de sus malas experiencias, sin dejar que el Señor tome el control de ellas, terminan en un profundo estado de amargura.

Muchas mujeres viven amargadas por no haber sabido cómo manejar correctamente las situaciones y el dolor que le ha provocado el tipo de vida que les ha tocado enfrentar: Un marido borracho, un hijo enfermo o vicioso, la intromisión de otra persona en su matrimonio, la falta de amor, pérdida de valores, palabras de maldición de sus padres, en fin, muchos obstáculos que por pequeños o grandes que sean, las han afectado, por no haber hecho lo debido en esos momentos.

Si ésta ha sido su condición, quiero decirle que el Señor es bueno, grande y poderoso para cambiar en su vida el resultado de aquello que alguna vez le afligió. Uno de los grandes riesgos de la amargura es que cuando la portamos, otras personas pueden ser afectadas por ella. Nuestros hijos, esposos, padres o amigos son también alcanzados por nuestra amargura. Si eso le está sucediendo, es hora de retractarse de la actitud asumida y pedir perdón al Señor.

Las personas con amargura, tienden a hablar mal de otros, nunca reconocen que ellos también están haciendo mal, señalan a los demás como culpables de sus desventuras, siempre se ven como víctimas pero nunca como responsables. Recordemos lo mencionado en capítulos anteriores acerca de la carta a los Hebreos, en donde dice: *"Mirad bien, no sea que alguno deje de alcanzar la gracia de Dios; que brotando alguna raíz de amargura, os estorbe, y por ella muchos sean contaminados"*. Hebreos 12:15.

¿Ha notado lo importante de este asunto? La amargura puede separarla definitivamente y por la eternidad de la gracia de Dios. No vale la pena dejar de alcanzar esa sublime gracia, por no tratar con la raíz de amargura que puede estar afectando su vida. No es bueno dejar que las circunstancias, el error, el pasado causen una grieta en usted, pero peor aún, es contaminar con la misma amargura a personas que no son los causantes de sus problemas.

Permítame ilustrarlo con esta anécdota. Frente a la casa de los abuelos de mi esposo, sembraron un pequeño árbol en el andén, junto a la calle. Alguien conocedor, comunicó a la familia acerca de las consecuencias que podría tener el crecimiento de ese tipo de árboles, pero se hizo caso omiso de la advertencia porque parecía un tanto exagerada. El arbolito parecía inofensivo, pero sutilmente, sus profundas e imperceptibles raíces empezaron a escarbar y extenderse como una maraña subterránea. Al tiempo, el árbol había crecido, se veía lindo, pero sin que nadie se diese cuenta, estaba provocando un daño interno que repentinamente surgió. Las raíces habían socavado los cimientos del andén, penetraron las cañerías, dañaron los tubos de aguas, levantaron el piso de la casa agrietándolo, hasta que finalmente hubo que cortarlo, pero ya el daño era grande.

Necesitamos tomar acciones inmediatas, no permita que raíces de amargura se conviertan en árboles grandes, que den frutos amargos y provoquen daños lamentables. Es mejor actuar a tiempo, de igual manera, tarde o temprano, el árbol debe ser cortado. Recuerde la historia de la mujer sunamita (2 Reyes 4), ella optó por callar cuando su hijo murió. Antes de causar una amargura en la vida de su esposo, ella decidió no creerle a las circunstancias, sino a la palabra profética, ella confió, esperó y logró el milagro, y vio nuevamente a su hijo vivo.

Cuando nos desesperamos, perdemos las perspectivas y nos va mal, y terminamos lamentando el daño que se ha causado. Callemos cuando debamos callar y hablemos sólo cuando debamos hablar. Hoy el Señor, espera que le permita arrancar esa raíz amarga, para sembrar en usted, semillas de bendición que puedan convertirse en árboles frondosos, que den buenos frutos. ¿Se atreve? Entonces hágalo y siéntese a esperar los buenos resultados.

Así como he mencionado estas situaciones un tanto complejas, encontramos asimismo el caso de aquellas mujeres que sufren de susceptibilidad extrema, las cuales son candidatas para ser restauradas por el Señor. Está bien ser susceptibles, porque nos permite valorar, discriminar y decidir acerca de las cosas, pero existe una susceptibilidad extrema que resulta altamente peligrosa para el espíritu. Quienes sufren de este complejo, son personas propensas a ofenderse fácilmente. Recuerde que la ofensa es una decisión personal. Usted decide estar ofendida.

Hay también mujeres violentas, reactivas, personas que no han podido romper con el vocabulario que traían del mundo, vilipendiosas, rabiosas sin motivo, otras que fueron violadas, perseguidas, abusadas, ellas, también necesitan permitirle al Espíritu Santo de Dios hacer una sanidad interna, una sanidad en su espíritu. Por ello, dedicaré el capítulo siguiente a explicar algunos pasos necesarios para ser sanados internamente, y para que desaparezcan de nuestro interior todo aquello que pudo haberle afectado, a fin de abrir las puertas de la bendición y de la restitución.

CAPÍTULO 6

Salmos 62:1 *En Dios solamente está acallada mi alma; De él viene mi salvación.*

HACIA LA RESTAURACIÓN DEL VASO FRÁGIL

Al hablar de restauración divina, es importante preguntarnos si deseamos realmente que el Señor obre en nuestros corazones. Debemos poner todo nuestro empeño para recibir el tratamiento que sólo él sabe dar. Someterse a un proceso de restauración divina, implica que usted debe estar dispuesta a renunciar y a despojarse de todos aquellos recuerdos del pasado y entregárselos al Señor para que sean borrados. Debe entender que al ponerlos delante de su presencia, ya no deben volver a usted.

El primer mensaje que Jesús predicó al iniciar su ministerio en la tierra, fue el mensaje del arrepentimiento. Marcos 1:14-15 *"Después que Juan fue encarcelado, Jesús vino a Galilea predicando el evangelio del reino de Dios, 15 diciendo: El tiempo se ha cumplido, y el reino de Dios se ha acercado; arrepentíos, y creed en el evangelio"*. Arrepentimiento es un mensaje que no ha "pasado de moda", aunque a muchos les parezca anticuado. Arrepentimiento es la palabra griega metanoia que significa "Sufrir un cambio de mentalidad".

Un cambio de mentalidad implica un cambio de vida. Somos igual que nuestros pensamientos. En la Biblia dice que el hombre es igual a su modo de pensar. Proverbios 23:7 *"Porque cual es su pensamiento en su corazón, tal es él."* Eso quiere decir que si alguien cambia su modo de pensar, sus ideas, sus conceptos y su conocimiento, cambiará indefectiblemente su vida.

La mente es parte del alma, no del espíritu. Un cambio de mentalidad consiste en despojarnos de aquellos pensamientos *"almáticos"*, de todos los recuerdos y dolores del pasado a los que nos hemos aferrado y que hemos convertido en poderosas excusas, en verdaderas coartadas para eximirnos de la responsabilidad de cambio que nos es demandada del Señor.

La Escritura dice que nosotros tenemos la mente de Cristo. 1 Corintios 2:16 *"Porque ¿quién conoció la mente del Señor? ¿Quién le instruirá? Mas nosotros tenemos la mente de Cristo".*

Esto nos agrega una poderosa ventaja, y es que hemos sido impartidas de la capacidad de generar los pensamientos de Jesús en nuestro interior. Cuando la Escritura dice que nosotros tenemos la mente de Cristo, es porque al darnos su vida, nos imprimió también su mentalidad, la capacidad de concebir las cosas como él, para que operemos y hagamos como él.

Podemos pensar como el Señor, hablar como él, ver el entorno con su óptica, actuar y decidir como él lo haría. Mujer, cada vez que usted dice "no puedo", está desconociendo la habilidad de Dios en usted, está desestimando aquella gracia que ha sido depositada en su interior.

El Apóstol Pedro decía: 2 Pedro 1:3 *"Como todas las cosas que pertenecen a la vida y a la piedad nos han sido dadas por su divino poder, mediante el conocimiento de aquel que nos llamó por su gloria y excelencia."* ¿Sabe usted lo que eso significa? Que todo lo que

usted necesita para vivir su vida natural como persona y su vida espiritual como hija de Dios, ya le ha sido otorgado. ¿De qué forma? A través del conocimiento de Cristo. Conocimiento, en este pasaje, es la palabra griega Epignosis que significa "conocer plenamente a alguien a través de una relación de intimidad".

El conocer al Señor mediante una relación de intimidad con él, con su Palabra, con su Santo Espíritu, con su presencia, es la única garantía de que usted será introducida en una nueva dimensión de cambios sustanciales y de fondo. Satanás es un experto en querer dañar el proceso de restauración de Dios en nuestras vidas, pues no se quedará tranquilo hasta lograr lo que se propone, pero debemos entender que si el Señor está con nosotros, ¿quién entonces podrá hacernos daño?

Nadie, puede ser mejor y más poderoso que el Señor, así que decídase a permitir que Dios inicie un proceso de regeneración en su espíritu, esa es la mejor restauración para un vaso frágil en manos del alfarero. Para ello, quiero recomendarle algunos pasos que serán determinantes para que ese proceso de restauración y regeneración de Dios en su vida, sea eficaz.

Debe, en primer lugar, confesar y recibir a Jesucristo, como su único Salvador. Muchas mujeres quieren cambiar y ser sanadas en su interior sin acercarse a Jesús, y eso, sencillamente es imposible. Su primera necesidad es de salvación, no de sanidad. ¿Qué sentido tiene recibir tranquilidad momentánea en el alma y luego perderla eternamente? La verdadera sanidad interna comienza cuando Cristo es invitado a entrar en nuestro corazón, de donde arrancará de raíz todo pecado trayendo perdón inmediato y luego, el dulce bálsamo de la paz del Espíritu Santo.

Durante años quise cambiar, pero nunca pude hacerlo por mis propias maneras. Quizá usted haya intentado hacerlo a través de ciertos medios, como religiones, terapias de autoayuda, control mental, nueva era, espiritismo, gnosticismo o muchas otras más, pero sólo la dulce presencia de Jesucristo en nuestras vidas, quien es su diseñador y su restaurador, podrá transformar su ser con el poder de su amor y de su divinidad.

Recibir a Cristo en su vida es sencillo, sólo debe invitarle a morar dentro de usted. Él no está sordo a sus necesidades, al contrario, anhela celosamente que usted le invite a su vida. Cuando lo hacemos, sucede un poderoso cambio en nosotras, porque primero, usted es perdonada de todo pecado y liberada de toda maldición, y de la muerte eterna; segundo, es liberada de las manos de Satanás y de su influencia maligna, y tercero, es trasladada al Reino del Señor como hija de Dios y legal heredera de todas sus promesas.

__Romanos 10:8-11__ "Mas ¿qué dice? Cerca de ti está la palabra, en tu boca y en tu corazón. Ésta es la palabra de fe que predicamos: 9 que si confesares con tu boca que Jesús es el Señor, y creyeres en tu corazón que Dios le levantó de los muertos, serás salvo. 10 Porque con el corazón se cree para justicia, pero con la boca se confiesa para salvación. 11 Pues la Escritura dice: Todo aquel que en él creyere, no será avergonzado".

El segundo paso, consiste en reconocer con corazón humilde, que usted necesita un cambio en su conducta, en su actitud y en sus hábitos. Es menester hablar con el Señor y confesar con nuestras propias palabras, primero, nuestras debilidades, y luego, todo aquello que necesitamos cambiar.

Hay mujeres que se han hecho tan dependientes de su propia condición, de su rencor, de su dolor, que no están dispuestas a doblegarlo y a despojarse de él, porque saben que eso amerita un cambio. Siempre será más fácil culpar a otros de nuestras desdichas que reconocer en nosotras la necesidad de un cambio.

Nunca podremos cambiar aquello que no reconozcamos. Aunque le cueste, y deba llorar abundantemente, es necesario que reconozca sus debilidades y errores. Muchas veces nos cuesta reconocer nuestra propia necesidad de cambio, y es por eso que no hemos cambiado.

Si usted no reconoce que tiene rencor y resentimiento, jamás podrá perdonar y ser libre. Si no reconoce que es depresiva, o que tiene raíces de amargura, nunca podrá vivir plenamente feliz, porque se ha acostumbrado a convivir en ese estado. Si no reconoce que tiene adicciones, permanecerá atada a sus vicios, si no reconoce su mal carácter, sus actitudes egocéntricas, o la prepotencia, sus problemas de relaciones jamás desaparecerán. Por eso el segundo paso es reconocimiento para traer un cambio.

> *2 Corintios 3:16-18 "Pero cuando se conviertan al Señor, el velo se quitará. ¹⁷ Porque el Señor es el Espíritu; y donde está el Espíritu del Señor, allí hay libertad. ¹⁸ Por tanto, nosotros todos, mirando a cara descubierta como en un espejo la gloria del Señor, somos transformados de gloria en gloria en la misma imagen, como por el Espíritu del Señor".*

Quizás le parezca algo difícil, pero el tercer paso es perdonar a aquellas personas que le hirieron. El pasado quedó atrás. La falta de perdón impide la sanidad del espíritu, y es una puerta abierta a la acción demoníaca. El rencor trae amargura e infelicidad. También causa enfermedades físicas y hasta incluso, la muerte.

Creo firmemente que nada podrá hacer con aquello que en el presente es tan sólo un mal recuerdo. No siga atada a lo que vivió en el pasado, preocúpese por extenderse hacia las bendiciones de Dios; búsquele, llámele, pídale y verá como él le responderá. Jeremías 33:3 "Clama a mí, y yo te responderé, y te enseñaré cosas grandes y ocultas que tú no conoces".

Recuerde también lo escrito en el evangelio Lucas 11:9-10 *"Y yo os digo: Pedid, y se os dará; buscad, y hallaréis; llamad, y se os abrirá. 10 Porque todo aquel que pide, recibe; y el que busca, halla; y al que llama, se le abrirá".*

El perdón es una decisión personal, no es algo impuesto u obligado. Usted decide perdonar. Decir que lo que le hicieron fue demasiado ofensivo como para perdonar, nunca podrá justificar su falta de perdón, porque así como el perdón, la ofensa también es una decisión personal. Usted decide permanecer ofendido. Jesús dijo: Padre, perdónalos porque no saben lo que hacen. Jesús determinó no permanecer ofendido, aunque la ofensa de quienes le crucificaron fue grande, el decidió no ofenderse.

Acepte que de ahora en adelante, debe llevar una vida de santidad, llena del Espíritu Santo, y consagrada sólo a Él. Probablemente esa palabra le atemorice, quizá por ese sentido tan monástico que parece tener, pero santidad no significa convertirse en un fanático fundamentalista, sino en "ser apartado para un propósito".

Santidad no consiste en imposiciones o prohibiciones, sino más bien, en decisiones personales, voluntarias y conscientes de mantenerse separado de un estilo de vida no compatible con la voluntad y el propósito de Dios. Sólo eso, le garantizará una vida de victoria.

Hebreos 12:12-14 *"Por lo cual, levantad las manos caídas y las rodillas paralizadas;* ¹³ *y haced sendas derechas para vuestros pies, para que lo cojo no se salga del camino, sino que sea sanado.* ¹⁴ *Seguid la paz con todos, y la santidad, sin la cual nadie verá al Señor".*

Quienes han decidido cambiar, han entendido también que no deben exponerse de nuevo a aquellas situaciones que causaron grietas en su alma. Debe empezar a vivir la nueva vida que le es dada en Jesucristo. Él le da la capacidad de vencer la tentación, el pecado y de vivir por encima de toda debilidad, en una nueva dimensión de victoria y excelencia. La lucha no la ganará usted en sus fuerzas, sino con el poder del Señor que ahora le ha sido impartido desde el momento en que le recibió y le invitó a morar en su corazón. Él peleará por usted como poderoso gigante.

1 Juan 4:4 *"Hijitos, vosotros sois de Dios, y los habéis vencido; porque mayor es el que está en vosotros, que el que está en el mundo".*

Romanos 8:37-39 *"Antes, en todas estas cosas somos más que vencedores por medio de aquel que nos amó. [38] Por lo cual estoy seguro de que ni la muerte, ni la vida, ni ángeles, ni principados, ni potestades, ni lo presente, ni lo por venir, [39] ni lo alto, ni lo profundo, ni ninguna otra cosa creada nos podrá separar del amor de Dios, que es en Cristo Jesús Señor nuestro".*

Otro paso importante es condicionar su sanidad interna, es decir, una vez que haya renunciado todo pensamiento de pecado y de negatividad del pasado, entonces debe mantener viva y vigente esa directriz de sanidad en su interior. ¿Cómo? A través de la búsqueda del Señor, leyendo cada día su palabra y con un vida de oración y comunión con él.

Recuerde, haga que su vida de oración no sea estorbada por nada. Es necesario que además, se reúna con personas renovadas, que tengan la unción del Espíritu Santo en sus vidas, que crean en su manifestación.

Filipenses 4:6-9 *"Por nada estéis afanosos, sino sean conocidas vuestras peticiones delante de Dios en toda oración y ruego, con acción de gracias. [7] Y la paz de Dios, que sobrepasa todo entendimiento, guardará vuestros corazones y vuestros pensamientos en Cristo Jesús. [8] Por lo demás, hermanos, todo lo que es verdadero,* *todo lo honesto, todo lo justo, todo lo puro, todo lo amable, todo lo que es de buen nombre; si hay virtud alguna, si algo digno de alabanza, en esto pensad.* 9 *Lo que aprendisteis y recibisteis y oísteis y visteis en mí, esto haced; y el Dios de paz estará con vosotros".*

Cuando los malos pensamientos quieran venir nuevamente a su mente, entonces debe rechazarlos y orar, declarando que ya usted ha sido regenerada, y que ahora ha sido transformada por el poder del Señor, quien la ha hecho una nueva criatura.

No tenemos lucha contra personas, sino contra entidades de maldad, contra huestes de tinieblas, las cuales, aunque ya han sido derrotadas por el Señor al morir en la cruz, sin embargo, siguen estorbando y colocando tropiezos en el caminar de aquellos que hemos creído en el Señor. Sin embargo, usted tiene una poderosa ventaja, y es que usted pelea del lado del bando ganador. La victoria ha sido ganada y nos pertenece.

2 Corintios 10:3-5 "Pues aunque andamos en la carne, no militamos según la carne; 4 *porque las armas de nuestra milicia no son carnales, sino poderosas en Dios para la destrucción de fortalezas, ⁵ derribando argumentos y toda altivez que se levanta contra el conocimiento de Dios, y llevando cautivo todo pensamiento a la obediencia a Cristo".*

Permita que el Señor llene todo vacío con su gracia, para así mantener en bendición su vida. Nunca olvide que cuando el Señor transforma nuestro hombre interior, no queda marca ni vestigio del pasado.

Él mismo se encarga de que no quede cicatriz, ya que con sus poderosas manos él remueve nuestra naturaleza carnal, para colocar en nosotros su imagen.

Es tiempo de decir: "Hoy me presento ante ti, Señor, mi corazón desnudo está ante ti, mírame, examíname, un vaso limpio quiero ser. Escogido y lleno de tu presencia, con tu amor, Señor Jesús, guíame, pues te quiero alabar. Mírame, Señor Jesús, mírame, estoy aquí, como incienso ofrezco hoy mi vida entera ante tu altar" y permanecer con él para siempre, solo diciéndole mírame y examíname.

Deseo profundamente en mi corazón que este libro haya sido de mucha bendición para su vida. Que la dirección del Espíritu Santo continúe guiándole en el camino que debe andar. No tenga temor de expresar sus sueños, sus anhelos, pues el permitirá que antes de partir de esta tierra, sean una realidad en usted.

Mujer, pase lo que pase, nunca permita que las circunstancias agrieten nuevamente su vaso. Usted fue colocada en esta tierra, con un valor y honor incalculable por parte de aquel que le creó. Lo más hermoso que le pudo ocurrir fue haber nacido mujer, pues de una mujer nació el hombre que cambiaría el destino de la humanidad.

De usted pueden nacer todos los hijos espirituales que desee tener, pues así como se le dijo a Abraham que sería padre de muchas gentes, hoy, usted puede también ser "Madre de muchas gentes".

Prepárese para la conquista, pues el Señor ha puesto sobre usted dones y talentos para trabajar en su obra. Quizás, por mucho tiempo ha sembrado de su esfuerzo y dedicación, es posible que haya pasado horas y horas detrás de un escritorio, pensando cuál será el propósito de Dios para usted; yo quiero recordarle, que si aún no ha visto la cosecha, sólo espere ya que ese esfuerzo y sacrificio no quedará sin recompensa.

Salmos 126:1-6 "Cuando Jehová hiciere volver la cautividad de Sion, Seremos como los que sueñan. ² Entonces nuestra boca se llenará de risa, Y nuestra lengua de alabanza; Entonces dirán entre las naciones: Grandes cosas ha hecho Jehová con éstos. ³ Grandes cosas ha hecho Jehová con nosotros; Estaremos alegres. ⁴ Haz volver nuestra cautividad, oh Jehová, Como los arroyos del Neguev. ⁵ Los que sembraron con lágrimas, con regocijo segarán. ⁶ Irá andando y llorando el que lleva la preciosa semilla; Mas volverá a venir con regocijo, trayendo sus gavillas".

No hay algo que impresione más a Dios, que el corazón restaurado de una mujer, pues se derrama fácilmente delante de Él, le adora y se quebranta ante su presencia.

Mujer bonita, mujer virtuosa; "Y la paz de Dios, que sobrepasa todo entendimiento, guardará vuestros corazones y vuestros pensamientos en Cristo Jesús" **Filipenses 4:7**

ADELANTE VASOS FRÁGILES.

1 Pedro 3:7 *dando honor a la mujer como a vaso más frágil, y como a coherederas de la gracia de la vida.*

ADELANTE. YA ESTÁ EN MANOS DEL AL-FARERO.

Jeremías 18:6 *He aquí que como el barro en la mano del alfarero, así sois vosotros en mi mano.*

Yalitza Salas.

Apóstol

ACERCA DE LA AUTORA

YALITZA SALAS DE SUÁREZ

Nacida en la ciudad de Barquisimeto, Venezuela, el 02 de diciembre de 1965.

Convertida al Señor en 1985.

Casada, madre de dos hijas.

Licenciada en Administración mención Gerencia, con título honorífico *Cumlaude* de la Universidad Fermín Toro (UFT). Cabudare, Venezuela.

Apóstol y cofundadora del Ministerio CVV Internacional (Camino, Verdad y Vida).

Fundadora y Directora del Ministerio Internacional Forjadoras de Cambios

Fundadora y Presidente de la Fundación *"Forjadoras de Cambios"*, organización de ayuda social sin fines de lucro.

Escritora y Predicadora.

E-mail: forjadorasdecambios@gmail.com

Redes Sociales: (Instagram y Facebook)
@apyalitzasalas
@forjadorasdecambiosvenezuela

OTRAS PUBLICACIONES DE LA AUTORA

Título: *"Forjadoras de Cambios. Mujeres que Cambian destinos".*

Versión digital (Ebook) y tapa blanda (físico).